W0274093

Wolfgang Steinweg

KINDHEIT
IN HANNOVER
in den 50er Jahren

Hannoversche Allgemeine
HAZ täglich (fast) alles

Wartberg Verlag

Fotonachweis: Der Verlag bedankt sich bei den Lesern der „Hannoverschen Allgemeinen Zeitung"
für die Unterstützung bei der Bildersammlung.
Je ein Foto wurde veröffentlicht von:
Angelika Meyer-Schenk, Monika Kröger, Joachim Stümpfel, Christiane Bruchmann, Carola Hoffmann, Gudrun Heidenreich-Ramm, Ulrike Ristenpart, Waltraud Jahns, Klaus Lempart, Hans Wodniczak, Johanne Russi, Heinz-Werner Bode, Ursula Vasterling, Günter Wehrmann, Doris Reiche, Cornelia Heuer, Regina Lingemann, Heinz-Erich Schäfer, Hartwig Hüner, J. Leonhardt, Günter Jung, Jutta Stehr, Eva Walter, Erika Sobiejewski, Barbara Prauschke, Ursula Müller, Georg F. Tesch, Regina Oberheide, Heidi Klingenberg, Christel Cordes, Gertrud Brandtner-Grade, Thomas Lindner, R. Vahlberg, Dr. Hans-Joachim Heyke
Mehrere Fotos stammen von:
Axel Mewes, Helmut Schreiber, Thomas Prieß, Christine Müller, Gitta Dürre, Elfriede Blauert, Heide Kramer, Bernd Bogenstahl, Burckhardt Nosseck, Edeltraud Dewitt-Stürken, Margit Spitta, Günter Austmann, Gunter Kallbach, Sigrid Bormann, Erika Habben, Angelika Wiegmann-Atafizadeh, Silvia Streich, Ingrid Fitting, Monika Brecht, Wolfgang Hardt, Uwe Karges, Matthias Sesselmann, Barbara Prenzler, Ursula Bähr
Außerdem danken wir dem DRK-Landesverband Niedersachsen, dem Fotografen Herbert Hoepfner, dem Historischen Museum Hannover (S. 44 u.) sowie dem Knabenchor Hannover für die Überlassung von Fotos aus den fünfziger Jahren.

1. Auflage 1998
Alle Rechte vorbehalten, auch die des auszugsweisen Nachdrucks
und der fotomechanischen Wiedergabe.
Druck: Werbedruck Thiele & Schwarz, Kassel
Buchbinderische Verarbeitung: Hollmann, Darmstadt
© Wartberg Verlag GmbH
34281 Gudensberg-Gleichen, Im Wiesental 1, Tel. 05603/93050
ISBN 3-86134-480-7

Vorwort

„Trotz aller Entbehrungen hat diese Zeit des Aufbaus unsere ganze Generation positiv beeinflußt und uns gelehrt, Freude und Dankbarkeit für Kleinigkeiten zu empfinden." So oder ähnlich hört man es immer wieder, wenn heute Männer und Frauen über ihre Kindheit in den fünfziger Jahren sprechen. Wer Ende der vierziger Jahre geboren wurde, ist in der Zeit des Wirtschaftswunders groß geworden, hat die Konsum-, die Motorisierungs- und die Reisewelle miterlebt – die Folgen des Zweiten Weltkrieges jedoch sind für ihn nur noch durch Ruinenlandschaften und beengte Wohnverhältnisse im Gedächtnis. Erinnerungen an Schwarzmarkt, Lebensmittelkarten und Hamsterfahrten, an Luftschutzsirenen, Bombentreffer und Bunkernächte blieben der Kindergeneration des Krieges vorbehalten, die Wolfgang Borchert „eine Generation ohne Glück, ohne Heimat, ohne Abschied" genannt hat.

Über die Kindheit in den fünfziger Jahren finden sich nur wenige Darstellungen in der hannoverschen Stadtgeschichte. Mancher denkt heute daran, seine Lebenserinnerungen für Kinder und Enkel aufzuschreiben, Zeitgeschichte zur persönlichen Erzählung zu machen, dabei zugleich die eigene Entwicklung Revue passieren zu lassen. „Es ist tatsächlich der Roman einer unglaublich schönen Kindheit...", schrieb ein Hannoveraner, als die „Hannoversche Allgemeine Zeitung" kürzlich aufrief, Fotos und Texte aus den Kindheitstagen in den fünfziger Jahren einzusenden.

Hunderte von Fotos und Texten kamen zusammen, manchmal unscharfe Aufnahmen aus vergilbten Alben, manchmal herrliche Szenen aus der Kinderwelt von damals, nachdenkliche Texte, die aber alle einen Schuß Optimismus spüren ließen. Manche Briefe schildern das Lagerelend, das vor allem Flüchtlinge und Vertriebene auch noch in den fünfziger Jahren in Hannover erfuhren, andere berichten von einer herrlichen Kindheit in Wohlstandshaushalten, wieder andere schildern ihre Erlebnisse in einer Stadt, in der die freigeräumten Trümmergrundstücke „die Spielplätze einer ganzen Generation" gewesen sind.

Hannover hatte sich noch längst nicht von den schweren Zerstörungen des Krieges erholt. Erst 1954 meldete die Stadt die Räumung des größten Teils der sechs Millionen Kubikmeter Schutt. Der Wiederaufbau hatte bereits 1949 eingesetzt, erste Wohnblocks wurden aus Mitteln des amerikanischen Marshallplanes errichtet. Die Straßen waren um 1950 noch weitgehend autofrei und boten Mädchen und Jungen ideale Spielplätze. Mitte dieses ersten Friedensjahrzehnts brannten schon wieder 7822 Gas- und 6660 Stromleuchten an den Straßen, immer neue Schulen entstanden. Es ging wieder aufwärts.

Zwischen 1953 und 1958 verdoppelte sich die Zahl der Kindertagesstätten auf 19 – ein Zeichen dafür, daß die Gesellschaft einen Teil der familiären Erziehungsarbeit übernehmen mußte. Das war auch nötig, denn bis zum Ende des Jahrzehnts gab es bereits 1500 „Schlüsselkinder" in Hannover. Ihre Eltern rackerten am Wirtschaftswunder mit, wollten sich nach langer Zeit der Entbehrungen etwas leisten – doch ihre Erziehungskraft reichte oft nicht, um den Jüngsten die notwendige Geborgenheit zu geben.

Die fünfziger Jahre – das waren Jahre politischer Apathie, in denen der Slogan „Keine Experimente" schon für ein Wahlprogramm ausreichte. Politische Krisen – Koreakrieg, der Volksaufstand in Berlin am 17. Juni 1953 – bestimmten das Zeitgeschehen, nicht aber das Leben der Familien, in denen der Vater häufig im Krieg gefallen war oder erst spät aus der Gefangenschaft zurückkehrte.

Hannover war in jenen Jahren Sammelbecken für Flüchtlinge und Vertriebenen, die 1953 etwa 28 Prozent der Bevölkerung stellten. Immer wieder standen ausgemergelte Männer an den Haustüren, die in kleinen Köfferchen Hausrat und Kurzwaren anboten, um sich und ihre Angehörigen über Wasser zu halten – und die bereitwillig ihr Lebensschicksal vor Fremden ausbreiteten. In den Lagerbaracken am Mühlenberg, in der Schulenburger Landstraße, in Benthe und Empelde konzentrierten sich jene Familien, denen auch Jahre nach dem Zusammenbruch noch das Nötigste fehlte und die mit Care-Paketen und durch Spenden aus der Schweiz und Schweden unterstützt wurden.

Wer sich seiner Kinderzeit in jenem Jahrzehnt erinnert, erinnert sich seltsamerweise an eiskalte Winter, an das kleine Glück eines Fernsehabends beim Nachbarn – selbst konnte man sich oft ein teures Fernsehgerät noch nicht leisten –, an die erste Ausfahrt in einem Goggomobil oder einem Volkswagen. Er erinnert sich an feuchte Wohnungen, an den Badetag in der Zinkwanne, an Besuche im Kino oder im Zoo, an Wanderungen oder gemütliche Leseabende daheim.

„Unser alltägliches Leben kam mir in der Nachkriegszeit paradiesisch vor", sagte eine Frau, und ein Mann schrieb, es habe in seiner Familie zwar keinen Fotoapparat gegeben, „aber es gibt eine enorme Anzahl von Bildern in meinem Kopf". So geht es auch dem Autor, ebenfalls ein „Fünfziger" mit Erinnerungen an Sonntagsspaziergänge in „guten" Hosen und weißen Socken, an Indianerspiel in Trümmerkellern, an Murmeln oder Pindopp-Kreisel. All das gehörte zu jenen Tagen unseres Kinderlebens, die uns auch ohne gestochen scharfe Fotos noch vor Augen stehen.

„Nun habe ich mich doch entschlossen, mich von den Bildern zu trennen und meinen Beitrag zur Nachkriegsgeschichte zu leisten. Als waschechte Hannoveranerin fast ein Muß", teilte eine Leserin zum dem Aufruf der „Hannoverschen Allgemeinen Zeitung" mit. Das Ergebnis dieser ungewöhnlichen Bildersammlung ist hier zusammengetragen – als Dokument einer unheimlich aufregenden Kindheit!

Die Trümmerwüste – Spielplatz einer ganzen Generation

Die Großstadt Hannover war Ende der vierziger Jahre noch immer eine Trümmerlandschaft: In der Südstadt, in Vahrenwald und in der Nordstadt waren weite Flächen zwar schon wieder freigeräumt, an einen Neubau im größeren Stil aber war noch nicht zu denken. Natürlich gab es damals nur wenige öffentliche Spielplätze, die Stadtverwaltung hatte ganz andere Sorgen. Schließlich hatten von den einst 147 222 Wohnungen nur knapp 7600 den Krieg unversehrt überstanden, mehr als die Hälfte war total zerstört. Familien lebten Anfang der fünfziger Jahre noch in feuchten Ruinenkellern, manchmal mußten die Behörden die Leute wegen Einsturzgefahr fast gewaltsam aus ihren Behausungen vertreiben. Doch Hannovers Kinder hatten die Trümmergrundstücke schnell als den phantasievollsten Spielplatz entdeckt, den es geben konnte. Was konnte schöner, aufregender sein, als durch leere Fensterhöhlen in die Reste eines Hauses einzusteigen, als auf schwankenden Bohlen herumzuklettern oder über durchlöcherte und bröckelnde Treppen in die oberen Stockwerke zu krabbeln?
Meist waren es die Jungen, die in „Banden" den Ton angaben und „Mutproben" ablegten, ohne den Leichtsinn ihres Handelns auch nur erahnen zu können. In den ausgebombten Kellern der Marienkirche in Hainholz ließ es sich herrlich Verstecken spielen. Am Altenbekener Damm nahe dem Maschsee lud die „Trümmerbahn", die auf wackliger Brücke über die Hildesheimer Straße ratterte, zum Mitfahren ein. Man schwang sich auf die mit Schutt und Schrott gefüllten Loren und mußte höllisch aufpassen, nicht vom Lokführer entdeckt zu werden.

Auf den Trümmerflächen von Vahrenwald oder anderen schwer getroffenen Stadtteilen sammelten die „Rasselbanden" zwischen Brandmauern Steine auf und stapelten diese solange, bis sie zu Buden taugten. Dann wurde von irgendwoher ein alter Ofen herangekarrt. Ältere Jungs sorgten dafür, daß immer Streichhölzer vorhanden waren und schon bullerte es im Kamin – an Abbruchholz herrschte kein Mangel. Um sich ein bißchen Taschengeld hinzu zu verdienen, wurden die Trümmergrundstücke nach Alteisen abgesucht, das man zum Schrotthändler brachte, der regelmäßig mit einem Handkarren oder schon im Lieferwagen Marke Goliath durch die Viertel zog. Mitunter fand sich unter den Eisen- und Blechresten auch mal Munition – Trümmer waren nicht nur phantasieanregende Spielplätze.

Die Jungens holten sich bei der Krabbelei über Steinhaufen aufgeschlagene Knie, was ihren Elan jedoch nur selten bremste. Aber auch für Mädchen waren Abbruchhäuser keine Tabuzonen, schon gar nicht, wenn der große Bruder mit von der Partie war. In Erdkuhlen betteten sie ihre Puppen aus Pappmaché und Zelluloid, kämmten ihnen das Kunsthaar und ließen sie stolz „Mama" schreien, sofern es sich um anspruchsvollere Modelle handelte. Von zu Hause holten sie sich kleine Töpfchen mit Seifenlauge, um mit einem Strohhalm schillernde Blasen durch die Gegend zu pusten.

Langeweile kam bei den kleinen Hannoveranern in jenen Jahren selten auf, obwohl der Fernsehapparat noch nicht den Alltag bestimmte. Sie dachten sich ständig neue Spiele aus, tobten als Cowboy und Indianer oder als Räuber und Gendarm über das Gelände und machten so die ganze Stadt zu einem einzigen Abenteuerspielplatz.

Besonders beliebt: Hochzeit feiern. Natürlich suchte man sich den Jungen oder das Mädchen aus, der oder das einem am besten gefiel – sofern es die Clique zuließ und nicht per Mehrheitsbeschluß bestimmte, wer wen zu ehelichen hatte. Vom Rand eines Grundstückes wurden an Büschen ein paar Zweige abgebrochen, für die Braut eine zerfetzte Gardine besorgt. Mit einem zerbeulten Zylinder oder einer speckigen Mütze trat der Bräutigam in kurzen abgetragenen Hosen vor den Traualtar aus Backstein, wo meist eines der älteren Kinder den Pastor mimte. Es war ein Riesenspaß, heute die und morgen der, und manchmal wurde statt einer Kutsche ein Bollerwagen herangeholt, auf dem die Ehefrau in die Flitterwochen gezogen wurde.

Auf den Steinhaufen, die für den Wiederaufbau liegengelassen wurden, errichteten die Kinder Rennbahnen für eiernde Fahrradfelgen, die Kleineren bauten sich mit Schippe und Eimerchen ihr Traumhaus, von dem die Familien noch weit entfernt waren. Erst Anfang der sechziger Jahre, als Hannover längst die Halbmillionengrenze an Einwohnern überschritten hatte, waren 180 000 Wohnungen neugebaut oder instand gesetzt, und erst Mitte dieses Jahrzehnts hatte, statistisch gesehen, jeder Einwohner einen eigenen Raum zur Verfügung.

Der soziale Wohnungsbau „beseitigte" nach und nach die herrlichen Trümmerspielplätze, die Kinder mußten auf öffentliche Spielanlagen mit Gerüsten und Kletternetzen, mit sauberen Sandkisten und Schaukeln ausweichen. Oder sich auf Hinterhöfen tummeln. Dann war es meist vorbei damit, mit Flitzbogen wahllos durch die Gegend zu schießen oder mit Zwillen auf Spatzen zu zielen. Wenn die Vögel getroffen waren, brieten sie ganz Wagemutige auf dem Ofen in der Steinbude. Nur petzen durfte niemand, sonst setzte es zu Hause Senge.

Der Phantasie waren keine Grenzen gesetzt. Hula-Hop ließ sich in der kleinsten Hütte spielen, und wenn dann die Nachbarin mit alten Klamotten aushalf, zauberten sich die Kinder auf den Trümmergrundstücken ihre Märchenlandschaft wie hier in der List. „Sandkästen" gab es damals überall in der Stadt und die passenden Spielkameraden waren schnell gefunden.

Spielsaison war für die Kinder zu jeder Jahreszeit, das zerstörte Hannover bot genügend freie Flächen. Der Straßenfotograf hielt an der Ferdinand-Wallbrecht-Straße diese Kinderschar im Bild fest, die sich dort ihr eigenes „Haus" aus Backstein gebaut hatten. Die Zwille war nur für den Fotografen gespannt.

Barackenlager und Laubenparadies

In Hannover existierten nach dem Krieg etliche Lager, die in der NS-Zeit für KZ-Häftlinge oder Fremdarbeiter errichtet worden waren. Nun wurden sie von Flüchtlingsfamilien und Heimatvertriebenen bewohnt, die dort ihre erste Bleibe fanden. Solche Lager standen in Misburg, in Stöcken, in Limmer und am Mühlenberg, in Benthe und Empelde. Mit vier, manchmal acht Personen richtete man sich auf wenigen Quadratmetern ein – mitunter lebten zwei Familien in einem Raum. Die Möblierung war kärglich, oft nur ein paar Wehrmachtsbetten neben einem Herd, dazu einige wacklige Stühle, Kisten ersetzten die Schränke. Wäscheleinen hingen quer durch den Raum, in dem es feucht und muffig roch. Eines der schlimmsten Elendslager war das auf dem Mühlenberg, das 1949 vom Wohnungsamt übernommen worden war. Erst 1960 wurden mehr als 1200 Menschen aus ihren Behausungen umquartiert und das Lager dem Erdboden gleichgemacht. Spielen mußten die Kinder meist draußen, in den Baracken fehlte der Platz dazu. Wer im Lager lebte, fühlte sich als Mensch zweiter Klasse abgestempelt. Die Kinder blieben in ihren Cliquen unter sich, jede Familie strebte danach, in eine richtige Wohnung übersiedeln zu können. Für viele blieb das jedoch lange ein unerfüllter Traum.

Den Familien fehlte es am Nötigsten, und deshalb richteten die Wohlfahrtsorganisationen der Stadt bei der Verteilung von Lebensmitteln und Sachspenden ihr Hauptaugenmerk auf die Lageradressen. Es war immer ein Festtag, wenn im Lager Care-Pakete verteilt wurden. In den Paketen fanden sich viele Schätze: Milchpulver und Fleischkonserven, Kochfett und Zucker, Mehl und manchmal auch Schokolade und Kaugummis. Hier und da lag ein kleines Spielzeug im Karton, für die Erwachsenen Kleidung, Nähzeug und Schuhe. Nicht jedes Paket wurde sofort geplündert, und mit Spannung warteten die Kleinen auf die nächste Ration von den Eltern. Noch bis 1960 wurden in Hannover Care-Pakete verteilt, insgesamt schickten US-Hilfsorganisationen 9,5 Millionen Pakete als Zeichen der Nächstenliebe an die Deutschen.

Vor den Hütten legten die Mütter Beete mit Gemüse und Blumen an, die Kinder pflückten in der Umgebung Binsengras und Unkraut, um daraus Kränze zu flechten. Weggeworfen wurde in diesen Gemeinschaften selten etwas, alles konnte noch gebraucht werden, aus jedem noch so kleinen Holzscheit oder Blech wurde etwas gebastelt. Hier und da hingen zwischen zwei Pfosten Schaukeln, im Sommer saß man draußen vor der Tür auf einer Bank und die Mädchen nähten an ihren Puppenkleidchen. In den Pfützen auf den Lagerwegen verwandelten sich Holzstücke in der Phantasie zu schnittigen Booten, in Bäumen zimmerten sich die Jungen Holzhäuser zurecht. Gebolzt wurde zwischen Wäschestangen auf ein Tor.

Eines der Großereignisse in der Lagertristesse waren die Badetage, meist Freitag oder Sonnabend. Im Mittelpunkt stand dabei eine schwere Zinkwanne, die die Mutter in der Woche als Waschzuber nutzte. Das Wasser wurde auf dem Herd heißgemacht und schon drückten sich ein oder zwei Nackedeis zur fröhlichen Spritzerei in der Wanne. Im Winter stand sie vor dem warmen Herd, das blanke Rohr zog sich durch den ganzen Raum. Nach dem Vollbad ging es gleich ins Bett, das durch einen auf der Herdplatte vorgewärmten Stein oder eine Flasche mit warmen Wasser „vorgeheizt" war. Morgens waren die Fenster mit kunstvollen Eisblumen verziert, an den Barackenwänden war die Feuchtigkeit zu Reif erstarrt. Viele Kinder litten damals unter Krankheiten, die Kinderstationen der Kliniken waren mit Fällen von Keuchhusten, Masern und Grippe überfüllt.

Neben den Barackenlagern hausten zahlreiche Bürger oder zugezogene Flüchtlinge auch in den Laubenkolonien der Stadt, ein notdürftiges Provisorium, das von der Stadt stillschweigend geduldet wurde. Immerhin verfügte Hannover 1952 über 25 468 Kleingärten, acht Jahre später waren es nur noch 21 450. Für die Kinder war das Leben in den Kolonien ein Abenteuer, die Natur gab den prächtigsten Spielplatz ab. Neben der Laube konnte man sich seinen eigenen „Kleingarten" anlegen, Pferdeäpfel holte man sich zum Düngen aus der Eilenriede. Manchmal hielt sich die Familie Hühner, so daß der Eier-Nachschub gewährleistet war. Im Sommer kamen Erdbeeren, Kirschen und anderes Obst auf den Tisch, man war Selbstversorger auch bei Kartoffeln und Gemüse.

Nur das Innenleben der Lauben ließ etwas zu wünschen übrig: Statt neuer Garnitur, Tütenlampe und Musikschrank mit Platten von Rudi Schuricke und Lys Assia, die man zunehmend in den Neubauwohnungen antraf, bestand die Einrichtung in den Gartenhütten oft nur aus einem stabilen Tisch, ein paar zusammengehauenen Schränken und einem Bücherbrett an der mit großblumigen Tapeten beklebten Wand. Die Kinder empfanden ihr Kolonistenleben inmitten der Natur als Paradies, die Eltern dagegen träumten von einer richtigen Wohnung.

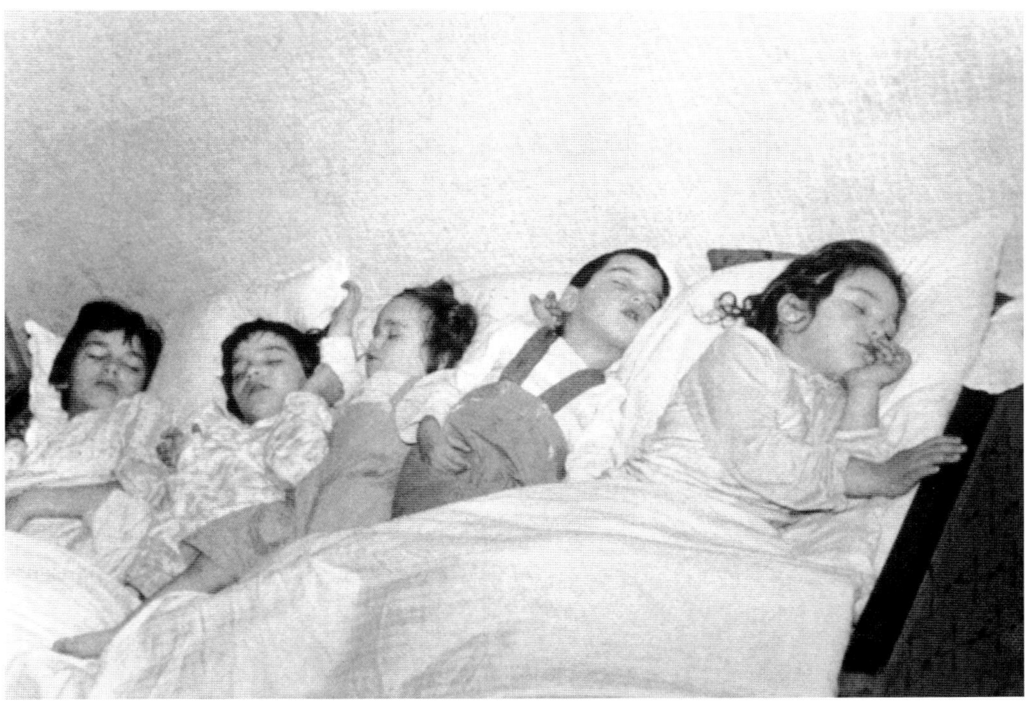

Das Lagerleben gehörte auch in den fünfziger Jahren für viele Familien noch zum Alltag. Ob in Baracken an der Schulenburger Landstraße (oben links) oder in Benthe bei Hannover (linke Seite unten rechts) – die Kinder waren immer in der Obhut der Eltern oder Großeltern. Mitunter lebten ganze Familien – nicht nur im Lager – auf wenigen Quadratmetern, so daß es beim Schlafen eng werden konnte. In den Erinnerungen der Kinder von damals war es dennoch eine schöne Zeit, die allerdings noch angenehmer wurde, als man endlich in eine größere Wohnung umziehen konnte.

Obwohl sich das Leben auf engstem Raum abspielte und die Küche zugleich Schlafraum und Wohnzimmer war, achtete die Mutter auf Sauberkeit und Ordnung. Wer den ganzen Tag über im Dreck spielen konnte, mußte abends in die Zinkwanne. Hauptbadetag war dann allerdings erst am Freitag oder Sonnabend. Wer konnte, half der Mutter beim Waschtag im Bottich.

Spielen fast ohne Grenzen: Glücklich war, wer im Garten ein paar Hühner halten konnte. Die Schaukel der Großeltern in der Kleingartenkolonie am Lister Damm wurde mit niemandem geteilt. Fleißige Mädchen nähten im Hof an der Rückertstraße ihre Schürzen.

Vom Tretroller zur Seifenkiste

Während noch Jahre zuvor die „Räder rollen mußten für den Sieg“, bekamen Räder in den fünfziger Jahren vor allem für Kinder eine ganz andere Bedeutung: Alles, was rollte, machte Spaß, sorgte für Tempo, machte mobil und ließ die Kleinen in der Zeit der aufkommenden Motorisierung von der Welt der Großen träumen. Solange die Straßen noch nicht frei waren vom Trümmerschutt, regierte der Bollerwagen mit Deichsel bei den Jungen, während sich die Mädchen natürlich mit dem Puppenwagen aus Holz und Pappe zufrieden gaben, die ihnen der Vater oder der große Bruder zusammengebaut hatte. „Marke Eigenbau“ hieß das Prinzip, für den Kauf von Puppenwagen hatte damals kaum jemand Geld. Wie gut, wenn der Wagen auch noch ein Dach hatte, damit die kleinen Püppchen aus Preßstoff oder Zelluloid nicht dem Regen ausgesetzt waren.

Doch womit fuhren die kleinen Jungen herum? Es gab Dreiräder aus Eisen, die Achse vom Nachbarn zusammengeschweißt, die Räder von einem alten Kinderwagen abgeschraubt. Improvisation hieß das Gebot der Stunde, den Fahrspaß minderte das keineswegs. Schon Anfang des Jahrzehnts tauchten auch auf Hannovers Bürgersteigen die ersten feschen Tretroller mit weißen Ballonreifen auf, statt hölzerner Gestelle hatten die Roller nun Stahlrahmen, lackierte. Der Lenker war verchromt, eine blitzende Klingel und vorne auf dem Schutzblech ein paar Fähnchen mit dem Stadtwappen waren der größte Stolz der kleinen Jungen. „Solch ein Roller war ein Stück fürs Leben“, bestätigte ein Hannoveraner. Mancher hatte auch einen Tretroller, auf dem der Fahrer auf einem wippenden Brett stand und sich aus dem Wippschwung die notwendige Dynamik holte. Nicht nur am Lindener Berg, auch auf kleineren Hügeln oder einfach auf der Straße wurden Rennen ausgetragen, und besonders stolz war man darauf, einen richtigen Radfahrer zu überholen. Fahrräder fuhren meist die Älteren, ehe sie sich später eine Vespa leisten konnten. Roller mit Ballonreifen waren übrigens auch zu leihen, beispielsweise an einem Kiosk an der Hildesheimer Straße oder in Fahrradgeschäften. Der Kiosk hatte den Vorteil, daß man dort gleich auch noch ein Lakritzband für zehn Pfennig oder eine Tüte Brausepulver, die so schön im Mund schäumte, als Wegzehrung erstehen konnte.

Anfang der fünfziger Jahre grassierte auch in Hannover ein Fieber namens Seifenkiste. Der ADAC wollte die Kinder schon auf die bevorstehende Motorisierungswelle vorbereiten, ihnen technisches Verständnis beibringen und ihre handwerklichen Begabungen durch die Ausgabe von Bastelanleitungen für die Miniautos fördern. Viele dieser Kisten trugen natürlich Vaters Handschrift, obwohl offiziell nur Jugendliche bis zum Alter von 15 Jahren beim Zusammenbau helfen durften. Den Schwestern wurden die Räder von den Kinder- und Puppenwagen geklaut, hier und da mußte die Radioantenne als Litze für die Steuerung herhalten und den Zusammenbau von Spannwirbel, Kabelspulen und Achsenstange ließen sich die angehenden Rennfahrer von den Größeren erklären. Insgesamt durfte das Zubehör für eine dieser Kistl im Eigenbau nicht mehr als 25 Mark kosten, für damalige Verhältnisse ein ziemlicher Brocken, der vom Taschengeld allein kaum zu bestreiten war. Vermutlich auch deshalb klebten sich manche jungen Bernd Rosemeyers oder Manuel Fangios auch schon mal die Werbung eines hannoverschen Einzelhändlers auf die Holzkarosserie.

Und dann kam der große Tag: Die vom ADAC organisierten Rennen fanden am Lindener Berg statt, wo Hunderte von Zuschauern an der Piste standen und die tollkühnen Kerle in ihren klappernden Kisten von der schrägen Startpiste an bis ins Ziel anfeuerten. Wer, bestückt mit Helm und Rennfahrerbrille, die angeforderten Zeiten erreicht hatte, wurde für die Niedersächsischen Meisterschaften nominiert, die erstmals am 29. April 1950 in Goslar ausgetragen wurden. Die Sieger kämpften dann gegen ihre Altersgenossen aus den westlichen Bundesländern um die Deutsche Meisterschaft. Als Preis winkte ein USA-Aufenthalt. In Hannover gab es Beifall für die Seifenkisten-Piloten auch auf anderen Pisten: Beim Eilenriederennen der PS-starken Motorräder wurden die Besten an einen Opel-Kapitän gehängt und ließen sich über die Rennstrecke ziehen. Auch beim großen Blumenkorso von 1952 klemmten sich die Rennfahrer hinter ihre Holz- oder Eisenlenkräder und nahmen – im Geleitzug eines Lastwagens – den Applaus von der Strecke entgegen.

Um die jungen Menschen schon frühzeitig an den Verkehr zu gewöhnen und die Verkehrssicherheit zu verbessern, entsandte das Ordnungsamt den Verkehrskasperl zum lehrreichen Spiel in die Volksschulen. Das Puppenspiel mit Wachtmeister Kinderfreund, dem Teufel Leichtsinn und dem dicken notorischen Verkehrssünder Herrn Boll ist heute noch vielen Erwachsenen in guter Erinnerung. Die Polizei stellte einen Verkehrspolizisten zum Unterricht an den Schulen ab, und die älteren Schüler konnten seit 1953 auch in einem „motorisierten Klassenzimmer“ lernen, wie man sich im wachsenden Straßenverkehr richtig bewegt. An Kreuzungen wurden Verkehrssünder auf ihr Fehlverhalten per Lautsprecher aufmerksam gemacht.

Schülerlotsen waren seit 1954 im Einsatz. Ausgerüstet mit weißem Koppel und Schulterriemen, Dienstbuch und Lotsenstab, taten sie unter dem wachsamen Auge eines Polizisten rund um die Schulen ihren Dienst. Schülerlotsen wurden auch im Verkehrsschulgarten in Ledeburg ausgebildet, wo vom Ordnungsamt eine vorbildliche Verkehrslandschaft mit Radwegen, Kreuzungen, sogar einer Ampel, mit Kreisverkehr, Parknischen und einem blinkenden Bahnübergang installiert worden war. Die Conti hatte die Kleinst-

autos gestiftet, in denen jeder einmal über die Parcours rollen durfte. Überwacht wurde die Szene von einem Verkehrslehrer in einer Kanzel, der bei Verstößen gegen die Verkehrsordnung sogar Verwarnungen aussprechen durfte. Wie notwendig dieses Verkehrssicherheitsprogramm war, macht die Statistik deutlich:
Damals starben zeitweise mehrere Dutzend Kinder jährlich auf Hannovers Straßen. Im Verkehrsschulgarten und an den Schulen direkt wurden die Jüngsten „wirklichkeitsnah" mit den Gefahren vertraut gemacht. 24 000 Kinder erhielten jedes Jahr in Ledeburg ihre mit Spannung erwartete Übungslektion.

Während sie auf den am Straßenrand abgestellten Motorrädern nur für den Fotografen posierten, konnten die Kinder nach der Lektion im Verkehrsschulgarten schon mal mitreden, wenn sie hinter dem Vater im neuen Opel-Rekord, im „Plastikbomber" Lloyd oder im VW-Käfer Platz nahmen. Anfangs wurden diese Neuerwerbungen von der ganzen Familie mit einem kleinen Fest begrüßt, im Laufe des Jahrzehnts aber gehörte auch in Hannover das Auto für viele schon zum normalen Verkehrsmittel. Die Motorisierungswelle hatte die Stadt fest im Griff: Waren Anfang der fünfziger Jahre knapp 19 500 Kraftfahrzeuge angemeldet, stieg die Zahl von Jahr zu Jahr – 1970 waren es bereits 128 024.

Früh übt sich, wer später am Verkehr teilnehmen will. Die kleinen Roller und Dreiräder waren meist Marke Eigenbau, während der Roller mit Ballonreifen schon zur Luxusklasse zählte. Wenn der Straßenfotograf auftauchte, spielte es keine Rolle, ob man sich mit dem Holzroller oder dem Fahrrad mit Beleuchtung vor dem Mann mit der Kamera aufbaute. Das Dreirad zum dritten Geburtstag wurde sofort voller Stolz mitten auf der Fahrbahn der Stolzestraße präsentiert.

Auf die Plätze, fertig und ab ging es von der Rampe am Lindener Berg, dem traditionellen Startplatz für die selbstgebauten Seifenkisten. Am Renntag, hier der 3. Juni 1951, wurden die „Kisten" zunächst im Startraum für die Besucher so aufgereiht, daß jeder genau sehen konnte, wieviel Mühe man sich mit Vaters Unterstützung bei dem fahrbaren Untersatz gemacht hatte. Manche der Seifenkisten trugen damals schon Werbung, schließlich reichte das Taschengeld nicht immer für den Eigenbau aus. Wer es nicht ganz so hektisch mochte, ließ sich gemächlich von Mutter schieben.

OPEL
12
OPEL
Abrador
Abrador
84

Wenn sich der Verkehrskasperl mit dem notorischen Verkehrssünder Herrn Boll (oben) angesagt hatte, war die Schulaula immer voll. Das „motorisierte Klassenzimmer“ mit dem VW-Bus tauchte überall im Stadtgebiet auf und gehörte ebenso wie der Verkehrsschulgarten am Burgweg und die Schülerlotsen, hier an der Gottfried-Keller-Schule, zum Sicherheitsprogramm von Ordnungsamt und Polizei.

8
7
6
5
4
3
SHELL
SHELL

Gottfried-Keller-Str.

ADAC-STRASSENWACHT

Einmal im Umzug mitzufahren, war der Wunsch vieler Jungradler, während die Kleineren noch „Unfall“ spielten und den ADAC-Servicewagen schnell zu Hilfe holten. Als 1957 der neue VW-Käfer endlich vor der Tür stand, war das ein Fest für die ganze Familie. Vaters Motorrad durfte nur im Stillstand ausprobiert werden. Als der neue Opel-Rekord 1958 angeschafft war, standen an der Berliner Allee noch keine Bäume. Die Neubauten im Hintergrund waren nur Staffage für das Foto. Zwar kam die Kleine mit dem Kopf noch nicht mal bis zur Scheibe, doch das machte nichts, Hauptsache, Vati nahm sie auf den nächsten Ausflug mit.

Von Straßenfotografen und Leierkastenmännern

Die Straßen waren Bühne und Kulisse zugleich für Hannovers „Rasselbanden". Mal waren es Freunde aus dem Wohnquartier, mal traf man sich in der Gemeinschaft des Häuserblocks, mal war es auch nur der engste Freund, mit dem man etwas unternahm. Jungen und Mädchen, Groß und Klein, der Zusammensetzung waren keine Grenzen gesetzt. Eines aber war allen gemeinsam: Trotz der äußerlichen Tristesse ihrer Umgebung genossen sie das Spiel mit anderen an der frischen Luft. Mehrmals im Jahr zogen Straßenfotografen durch Linden, durch Hainholz, die List oder die Südstadt, trommelten die Kinder zusammen, setzten sie vor einen Fotoapparat auf einem Stativ. Dann hieß es „Bitte lächeln" und das Foto war im Kasten. „Dann suchte sich der Mann meist ein Mädchen aus der Gruppe, wir waren wohl vertrauenswürdiger, und bat es, die Adressen aller abgelichteten Kinder zu notieren", berichtet eine Frau. Tage später klingelte es an der Wohnungstür, und der Straßenfotograf bot den Eltern für eine oder auch drei Mark einen Abzug von ihren Rangen an. Manchmal wurden die Mädchen aber auch gleich mit den Abzügen „beliefert" – wer dann zehn Fotos verkauft hatte, bekam ein Bild kostenlos. Marktwirtschaft, lebensnah vermittelt. Aus der Tatsache, wieviele solcher „Momentaufnahmen" mit schüchtern lächelnden Mädchen oder selbstbewußt grinsenden Jungen in den Alben der Hannoveraner schlummern, läßt sich ermessen, daß diese Form der Fotografie damals lukrativ gewesen sein muß. Noch fehlte eben in vielen Haushalten der eigene Fotoapparat.

Häufig traten neben den Straßenfotografen, Scherenschleifern und Lumpensammlern auch Musikanten auf, mal mit der Geige, mal mit Akkordeon oder Leierkasten. Hörten ihn die Kinder schon von weitem, tobten alle zu ihm hin, beobachteten den Dreh mit der Kurbel und johlten auch schon mal mit, wenn ein Gassenhauer ertönte. Manchmal tanzte die Schar sogar ausgelassen um den Orgelmann herum. Es waren oft Kriegsversehrte, die den kleinen wackligen Wagen mit der bunten Bemalung vor sich herschoben. Männer, die ohne Stock kaum noch gehen konnten oder die einen Arm verloren hatten – Opfer des Krieges oder der Nachkriegswirren, angewiesen auf jeden Groschen, der ihnen aus geöffneten Fenstern zugeworfen wurde.

„Öfter halfen wir ihm, die kleinen Münzen aufzuklauben und aus dem Papier zu wickeln", erinnert sich eine Hannoveranerin.

Ob Leierkastenmann, Scherenschleifer, Lumpensammler oder Fotograf – für die Kinder der fünfziger Jahre gehörten sie alle als Requisiten auf die Straßenbühne, auf der man selbst nur allzu gern als Hauptdarsteller agieren wollte.

Die Rasselbande aus der Wittekindstraße setzte sich fröhlich für den Fotografen in Positur (linke Seite). Der Leierkastenmann war ein gern gesehener Gast, und wenn der Ziehharmonikaspieler nahte, dann tobte die Straßenbande ausgelassen um den Musikanten herum. Daß aus dem kleinen Mann (unten) mit dem weißen Hemd in der Mitte mal Hannovers langjähriger Oberbürgermeister Herbert Schmalstieg werden sollte, konnte auch der Straßenfotograf nicht ahnen.

Feldheim & Co.

Die Jungen von der Jordanstraße hatten sich 1951 ihr Zelt auf einem Brachgelände in der Straße An der Weide aufgeschlagen, ein idealer Platz für Versteckspiele, Wettrennen und anderen Zeitvertreib. Der Puppenwagen mußte bei der Truppe in der Varrelmannstraße (unten links) natürlich mit aufs Bild, ebenso diente das Dreirad als Requisite (oben). Noch waren die Straßen Anfang der fünfziger Jahre nicht allzu gefährlich, so daß man sich schon mal am Straßenrand niederlassen konnte.

Von Puppenmüttern und Rollschuhläufern

Langeweile war eines jener Worte, das die Kinder in den fünfziger Jahren kaum kannten. Die materielle Not in vielen Elternhäusern ließ zwar keine großen Sprünge zu und das Taschengeld war auch eher mäßig, aber sie hatten ja ihre Phantasie. Da wurde das Beobachten von kleinen Fischen im Schiffgraben oder das Fangen von Kaulquappen aus Bombentrichtern in der Eilenriede zur spannenden Nachmittagsbeschäftigung. Mit Puppen aus Kunststoff, manche hatten schon klimpernde Wimpern oder eine „Mama“-Stimme, spielten die Mädchen hingebungsvoll und schufen sich ihre eigene Traumwelt. Wer schon einen der kostbaren Korbkinderwagen hatte, konnte sich glücklich schätzen, zumal, wenn neben dem Puppenkind auch noch ein zerzauster Teddy Platz fand. „Es gehörte nicht viel dazu, uns glücklich zu machen“, schreibt eine Hannoveranerin – die Meinung einer ganzen Generation.

Am Maschpark wurden die ersten Modellboote mit Batterieantrieb zu Wasser gelassen, im Herbst stiegen Drachen mit langen Schwänzen aus gefalteten Papierschnitzeln empor. Die Jungen bauten sich ihre Flieger aus Abfallresten und Pergamentpapier, als Klebstoff mußte Kleister, zusammengerührt aus Roggenmehl, herhalten. In den Auslagen der Geschäfte und in der Spielzeugabteilung von Karstadt lockten knallrote Feuerwehrwagen mit Drehleitern aus Blech, und Mitte der fünfziger Jahre tauchten auch schon Raketen und Flugzeuge als Weihnachts- und Geburtstagsgeschenke auf den Gabentischen auf. Wer sich die nicht leisten konnte, begnügte sich mit Wasserpistole, Flitzbogen oder selbstgebastelten Erbsenpistolen.

Die „Renner“ damals waren allerdings Rollschuhe und das Spiel mit der Murmel, ein Spielzeug, über das fast jeder Junge in Hannover verfügte. Die kleinen Tonkugeln gab es für ein paar Pfennig im Dutzend, und man trug sie in Säckchen oder einfach in der Hosentasche bei sich – ein wertvolles Gut für die Kleine. Ein Loch im Bürgersteig oder einfach auf plattgewalztem Sand fand sich überall, in dem die mit dem Finger geschobenen Kugeln versenkt werden mußten. Wer über etwas mehr Taschengeld verfügte, konnte sich auch Klicker aus Glas mit farbigen Einschlüssen leisten, und manchmal tauschte man auch Tonkugeln gegen die „Glaser“, zum Umrechnungskurs von 10:1.

Für die Rollschuhe suchte man sich glatte Bürgersteige oder wagte sich auch schon mal auf die Fahrbahnen, wo die eisernen Räder einen Höllenlärm machten. Es war ein Spiel ohne Unterschiede, Mädchen wie Jungen holten sich blutige Knie, wenn der Schwung zu heftig wurde und man lang hinschlug. Besonders gefragt waren Rollschuhe der Marke Hudora, die man mit einem besonderen Schlüssel an den Schuhen befestigen mußte. An den in Mode kommenden Kreppsohlen hielten sie oft nicht gut, was manches Kind zur Verzweiflung brachte.

Hinkelkasten, Seilspringen oder auch „Land erobern“, wozu man im Sand Striche zog und durch gezielten Messerwurf dem anderen möglichst viel Land abnahm, waren andere Spiele unserer Kindheit. Wozu später dann auch JoJo oder der Hula-Hopp Reifen, ein amerikanischer Import, zählte, der möglichst lange um die Hüfte kreisen mußte. Manchmal holte man sich vom Kiosk eine Wundertüte für einen Groschen, in der Cowboys und Indianer aus Plastik steckten. An den Nebgen-Buden in Hannover erstanden die Kinder Seltersflaschen mit Sammelbildchen, die sorgsam in kleine Alben geklebt oder einfach nur getauscht wurden. Die etwas Älteren hatten das Pokerspiel für sich entdeckt. Gepokert wurde mit aufgerissenen Zigarettenschachteln, wobei die Marken Gold Dollar, Senoussi oder Nil besonders hoch im Kurs standen. Auch das Pindopp-Schlagen gehörte in jenen Jahren zum Zeitvertreib: Eine an einem Stock befestigte Schnur trieb einen bunten Kreisel an, oftmals brachten es die „Schläger“ zu wahrhaften Drehkunststücken. Es gab kaum Schlimmeres, als wenn die Eltern, weil man wieder mal ungehorsam war, den Pindopp eine Zeitlang einkassierten.

Kaum war der erste Schnee gefallen, wurde der Schlitten, mitunter wahre Ungetüme aus Eisen, aus dem Keller geholt. Einen Hügel fand man fast überall, notfalls zog man die Kumpel einfach nur über die verschneite Fahrbahn. Besonders die Böschungen am Mittellandkanal taugten als ideale Rutschbahnen.

Der Winter war auch die große Zeit der Kartenspiele mit Auto- und Städtebildern, des Mikadospiels am Wohnzimmertisch und vor allem der selbstgefertigten Puppenstuben oder Kaufmannsläden. Meist gab es sie als Weihnachtsgeschenk von den Eltern oder Verwandten. In den Schubläden der Kaufmannsregale lagen Erbsen, Bohnen und kleine Papiertüten, mit der Waage wurden Süßigkeiten abgewogen und in den Registrierkassen klimperte das Spielzeuggeld, mit dem man sich in den großen Geschäften leider nichts kaufen konnte. Wer solch einen Kaufmannsladen, ob selbstgebastelt oder gekauft, sein eigen nennen durfte, für den war die Welt der bewegten Bilder auf dem Schwarz-Weiß-Fernseher beim Nachbarn zumindest tagelang keine Alternative. Was auch dann galt, wenn für die Kinder eine elektrische Eisenbahn oder ein Stabilbaukasten auf dem Gabentisch angekommen war.

Fröhliche Kindergesichter bestimmten in den Fünfzigern trotz aller Entbehrungen den Alltag auf der Straße. Daß kein Junge den Bräutigam abgab, störte nicht, zumal die geliebten Puppen bei der „Hochzeit“ dabei waren.

Der Märklin-Stabilbaukasten faszinierte damals die technikinteressierten Jungen ebenso wie die Mädchen das Spiel mit dem Bauernhof. Mikados standen nicht nur zur Weihnachtszeit hoch im Kurs. Der selbstgebastelte Kaufmannsladen oder die von den Eltern eingerichtete Puppenstube gehörten in jenem Jahrzehnt genau wie die elektrische Eisenbahn, die auf dem Wohnzimmertisch aufgebaut wurde, zu den „Rennern" unter den Weihnachtsgeschenken.

Spielplätze wie der auf dem Weißekreuzplatz (oben links), waren mehr den Stadtkindern vorbehalten. Dabei machte das Spiel in der Natur wie auf dem Schrebergartengelände an der Podbielskistraße (Mitte links im Hintergrund) mindestens genauso viel Spaß, zumal, wenn auch noch der eigene Hund mit herumtollte. Das Spiel mit drei Hula-Reifen setzte Geschicklichkeit voraus. Wenn es heiß war, zog man Mutters selbstgestricktes Badekostüm über und tobte mit zwei- und vierbeinigen Freunden durch den Garten.

Rollschuhe waren das Größte: Zwar machten die Dinger mit den Eisenrädern auf dem Asphalt einen Höllenlärm, und man holte sich auch mal blutige Knie, doch wer solche Rennschuhe sein eigen nennen konnte, war ständig auf Achse. Während das Mädchen im wasserlosen Bett des Teiches vor der Firma Pelikan still versonnen ihre Runden drehte, baute sich die Truppe unten zur Formation auf. Allerdings wohl nur für den Moment des Fotoklicks, danach ging die Jagd auch schon weiter.

Für die einen war der Güterbahnhof am Weidendamm der schönste Spielpiatz der Stadt (oben links), während andere sich beim Ausflug in den Deister (oben rechts) amüsierten oder beim Indianerspiel am Kanal. Auf den Sitz eines Traktors kam man allerdings nur dann, wenn man Urlaub beim Bauern, wie hier in Soltau, machen durfte.

Daß Hannover in der Norddeutschen Tiefebene liegt, machte sich vor allem an herrlichen Wintertagen etwas lästig bemerkbar. Nicht jeder konnte am Lindener Berg oder an anderen Anhöhen zur blitzschnellen Schlittenfahrt starten, aber Spaß bei der Schneeballschlacht hatte auch die Clique in der Harnischstraße am Bonifatiusplatz. Den Prototyp eines ungewöhnlichen Schlittens präsentierte dieser junge Mann: Der Großvater war Installateur und hatte das Gefährt aus Gas- und Wasserrohren zusammengelötet. Provisorium zwar, aber besser als gar kein Schlitten!

Vom Kindergarten zum ersten Schultag

Die Wiederaufbaujahre, die Sehnsucht nach ein wenig Wohlstand, die Lockungen eines neuen Autos oder einer Reise über die Grenze in den Süden forderten von den Familien ihren Tribut. Immer mehr junge Frauen mußten oder wollten mitarbeiten, so daß die traditionellen Vorstellungen von „heiler" Familie – der Vater geht zur Arbeit, die Mutter kümmert sich um Kinder und Küche – langsam über Bord geworfen wurden. Neben den Kindergärten, die in Kirchengemeinden untergebracht waren oder von der Stadt unterhalten wurden, wurde die Forderung nach Kindertagesstätten immer lauter, solange wie die Eltern ihrem Beruf nachgingen.

Ende der vierziger Jahre existierten in der Stadt gerade mal 37 Kindergärten und Horte, drei Jahre später fanden schon 3312 Kinder in Tagesstätten und Horten ihre Ersatzfamilie. Junge Erzieherinnen und ältere „Tanten" kümmerten sich rührend um die Jungen und Mädchen. Gemeinsam machte man Kreisspiele, spielte Verstecken, ging mit ihnen im Sommer hinaus in die Eilenriede oder an den Maschsee.

In Gemeinschaftswaschräumen lernten die Kinder Hygieneregeln, das gemeinsame Zähneputzen wurde zur abwechslungsreichen Spritzerei – nur, wenn sie den Mittagsschlaf antreten sollten, wünschten sich manche Kinder wieder nach Hause. „Die vielen Kindertagesstätten bieten ein Beispiel, wie das schönste menschliche Band, die Einheit von Mutter und Kind, sich zu lockern beginnt", heißt es warnend in einem Rechenschaftsbericht des Rates über jene Jahre. Das Jugendamt klagt 1959: „Das Sozialgepäck ist nicht viel größer, aber erheblich schwerer geworden" und meinte damit die wachsende Zahl jener Kinder, die mit dem Wohnungsschlüssel um den Hals nach der Schule auf sich allein gestellt blieben. 1960 existierten in Hannover 5200 Plätze in 75 Kindertagesstätten und Horten, von denen inzwischen viele von den Wohlfahrtsorganisationen übernommen worden waren.

Kaum lag das Kapitel Kindergarten hinter den Kleinen, da rückte der erste Schultag heran. Obwohl absehbar war, daß der unbeschwerte Alltag nun ein Ende haben würde, herrschte bei den meisten Kindern Vorfreude, nicht zuletzt auf die Schultüte, die oft von den Müttern aus Tapetenresten und Pappe selbst gebastelt wurde. Unten mit viel Papier ausgestopft, lagen kleine Süßigkeiten und ein paar Malstifte oben drauf. Manche Kinder hatten auch das Glück, zum Schulbeginn mit neuem Kleidchen oder Hose ausgestattet zu werden, die man schon im Einführungsgottesdienst stolz vorzeigte.

Da die meisten Schulen im Zweiten Weltkrieg zerstört worden waren, herrschte noch weit bis in die fünfziger Jahre erhebliche Raumnot, die sogar Unterricht in Schichten notwendig machte. 1949 existierten für 67 000 Schüler aller Schulformen gerade mal 45 Schulgebäude mit 709 Unterrichtsräumen – der Neubau von Schulen war eine der vordringlichsten Aufbauforderungen an die Stadtväter. Mitte 1955 zählte Hannover angesichts der starken Nachkriegsjahrgänge und des Zustroms von Flüchtlingen und Vertriebenen 95 000 Schüler, 63 Prozent mehr als in der Vorkriegszeit. Die Volksschulklassen waren durchschnittlich mit 37 Kindern besetzt, in den Mittel- und höheren Schulen drückten sich 40 Kinder in einem Klassenraum. Und selbst zum Ausgang des Jahrzehnts, in dem die Unterrichtsversorgung häufig noch nicht erfüllt werden konnte, fehlten laut einem Ratsbericht noch immer 30 Schulen.

Der Schulbau der fünfziger Jahre hatte sich erheblich gewandelt. Man baute nun helle, lichtdurchflutete Gebäude mit begrünten Höfen, die Sportanlagen lagen in der Nähe, und etliche hannoversche Schulen verfügten auch über Landheime beispielsweise in Bredenbeck, in Riepenburg bei Hameln, bei Bissendorf oder in Sonnenberg im Harz, wohin die Klassen geschickt wurden. Viele junge Hannoveraner verlebten damals herrliche Wochen im Erholungsheim „Harzer Roller" in Hahnenklee, auf Spiekeroog oder in Zeltlagern in Otterndorf und Wennigsen.

„Schulen sollten Stätten sein, in denen Kinder und Jugendliche zu selbständig denkenden, auch zu gemeinsamen Erleben fähige Menschen herangebildet werden", hieß es damals, wozu auch die innere Gestaltung der Klassenräume gehörte. Zwar gab es hier und da noch in alten Gebäuden Bankreihen für zwei Kinder mit dem Tintenfaß unter einer Klappe und leicht angeschrägter Schreibplatte, doch in den 55 Schulneubauten dieses Jahrzehnts bestimmten bewegliche Tische und Stühle das Bild der Klassenräume.

1956 entstanden die ersten Schulkindergärten, die öffentliche Gesundheitspflege, die schon in den Kindergärten eingesetzt hatte, wurde in den Schulen intensiviert. Noch Anfang der fünfziger Jahre kamen viele Kinder mit dem Henkeltopf aus Flugzeugblech zum Unterricht, um sich darin mittags einen halben Liter Schulspeise – mal Erbseneintopf, mal süße Suppe – einschenken zu lassen. Viele Kinder waren unterernährt, die Schulärzte achteten genau auf den Allgemeinzustand und eventuelle Haltungsschäden. Allein 1951 wurden 2 225 erholungsbedürftige Jungen und Mädchen in Kuraufenthalte geschickt.

Ältere Lehrer griffen mitunter noch zum Rohrstock und schickten allzu aufmüpfige Jungen und Mädchen in die „Strafecke", wo sie den Rest der Stunde verbringen mußten. An einigen Schulen wurden diese Sanktionen sogar noch in „Züchtigungsbüchern" vermerkt, was jedoch nicht mehr den modernen pädagogischen Vorstellungen entsprach. Lesen und Schreiben lernten die Kinder noch nach der Ganzwortmethode, gemalt wurde aus Ermangelung an Zeichenblöcken auf Einkaufstüten, die man mitbringen mußte. Um die hannoverschen Kinder mit der neuen Welt

der Marktwirtschaft vertraut zu machen und sie zum Sparen anzuleiten, gab es einen Schulsparverein und sogenannte Schulsparlehrer. Die dafür sorgten, daß ein Teil des meist kargen Taschengeldes prompt für ein Sparkonto bei der Stadtsparkasse abgezweigt wurde.
Wer eine 1 oder 2 mit nach Hause brachte, dem winkte als Belohnung bei den Eltern eine Eistüte für 20 Pfennig, während es für schlechte Noten dann auch prompt den ungeliebten Stubenarrest setzte. Daß die Jungen im Handarbeitsunterricht meist nicht sonderlich gut abschnitten, zumal auch noch Stricken hier und da als Lehrfach galt, versteht sich von selbst. Für sie wie für die meisten Kinder gehörte die Schule zwar zum Ernst des Lebens, das Leben selbst aber spielte sich draußen, am Nachmittag auf den Straßen ab.

Die „Tante" im Kindergarten wurde von den kleinen Rangen heiß geliebt. Leider ging die schöne Zeit im Kindergarten viel zu schnell zu Ende, und der Ernst des Lebens kündigte sich an. Der erste Schultag war noch ein Ereignis, auf das man sich schon wegen der Schultüten freuen konnte. Der Zeit danach aber sahen die ABC-Schützen mit gehöriger Skepsis entgegen, wie der Gesichtsausdruck bei Uwe und seinem Bruder Jörg 1959 zeigte.

Im Kindergarten stand das Gemeinschaftsleben an erster Stelle. Tischspiele oder „Kaffeetrinken“ mit Stillsitzen waren allerdings nur Notbehelf für Tage mit schlechtem Wetter, denn wann immer es möglich war, tobten die kleinen Rangen draußen im Freien herum. In den Waschräumen war es mit dem Toben dann aber vorbei: Die „Tanten“ achteten sehr genau darauf, ob die Hände sauber waren. Für manchen war das eine ungeliebte Prozedur.

Wenn die Sonne schien, waren die Kinder draußen, tollten herum, tanzten oder brüllten sich die Seele aus dem Leib. Beim Kindergartenfest in Gethsemane in Buchholz im Jahr 1959 hatten die Mütter den Nachwuchs fein gemacht. Wenigstens diesmal sollten die weißen Strümpfe sauber bleiben.

Kreisspiele mit Musik erforderten die ganze Aufmerksamkeit der Mannschaft bei den Kindergartenfesten. An solchen Festtagen waren auch Eltern und Großeltern eingeladen, und man gab sich mit dem „Programm“ für sie besonders viel Mühe.

Der erste Schultag im April 1952 in der Volksschule Bonner Straße war für die beiden Freundinnen (oben links) ein Festtag, wobei sie an den Schultüten schwer zu tragen hatten. Viele Klassen mußten damals neben der räumlichen Enge noch mit den alten Holzbänken auskommen. Die ersten Leseübungen nach der Ganzwortmethode wurden durch Bilder an der Wand erleichtert.

Die Klasse 1a des Jahrgangs 1953/54 stellte sich mit „Fräulein“ Peretzki zum ersten Foto auf. Es war keine Seltenheit, daß Klassen zu Beginn der fünfziger Jahre mehr als 40 Schüler zählten. Die größeren Mädchen an der Elsa-Brändström-Schule in der Langensalzastraße verabschiedeten sich 1957 zur Klassenfahrt an den Gehrdener Berg. Die Jungs von der Klasse 4 aus der Alemannstraße in Vahrenwald machen sich einen Spaß daraus, ihren Ausflugsbus zu „blockieren“.

„Schundliteratur" und andere Freuden

Es gab einen Ort in Hannover, der für die Generation der Kinder und Jugendlichen in den Fünfzigern magische Anziehungskraft besaß: das „Haus der Jugend" und das „Haus des Sports" in der Maschstraße. Kaum ein junger Mensch der Nachkriegszeit, der dort nicht fröhliche und lehrreiche Stunden im Kreis Gleichaltriger verbracht hat – ein Ort mit Modellcharakter für andere Einrichtungen in den westlichen Bundesländern. Das „Haus der Jugend" wurde von 1949 bis 1951 mit finanzieller Hilfe von Amerikanern und Engländern errichtet, wobei sich Hannovers Jugend daran tatkräftig beteiligte. Sogar der neue Bundespräsident Theodor Heuss war Ende 1949 zum Richtfest in Hannover erschienen und begrüßte, daß dort die städtische Jugendpflege gemeinsam mit den freien Verbänden der jungen Generation eine neue Heimat schaffen wollte.

Kaum war das Haus eröffnet, kamen die Zehn-, Zwölf- oder Sechzehnjährigen aus ihren kalten Behelfswohnungen und den feuchten Ruinenkellern in die geheizten Räume, schlossen sich Bastel- und Singgruppen an, spielten Theater, hörten Jazzkonzerte und beklatschten die Darbietungen des neugegründeten Knabenchors Hannover. Den Eintritt von einer oder zwei Mark für die Konzerte gaben die Eltern gerne, immerhin waren ihre Sprößlinge dort besser aufgehoben als in Kneipen oder auf der Straße. Für die Jüngsten zeigte ein Filmclub Märchenfilme, vor Weihnachten war der Andrang besonders groß, weil man unter Anleitung von Kindergärtnerinnen schöne Geschenke für die Eltern basteln konnte. Beim Kinderkarneval war Budenzauber mit Kostümen angesagt, und als 1954 im Haus neben der Jugendherberge auch noch eine Jugendbücherei ihre Pforten öffnete, kannten die Leseratten kein Halten mehr. Zweimal im Monat kamen bis zu 400 Jungen und Mädchen zum „Jugendforum" zusammen und lieferten sich Redeschlachten über ihre kleine und über die Welt im Großen.

Natürlich zog es nicht alle Kinder und Jugendlichen in die Maschstraße, immerhin waren Mitte der fünfziger Jahre rund 13 500 Kinder unter 14 Jahren auch Mitglieder in Hannovers Turn- und Sportvereinen. Im Stadion lieferte man sich heiße Wettkämpfe im Hochsprung oder beim Staffellauf, fast 2 500 Schüler gehörten den hannoverschen Rudersportvereinen an, die mit dem Maschsee eine ideale Trainings- und Regattastrecke besaßen. Besonders gefragt waren auch die 1950 eingeführten Ferienspiele und Ferienschwimmen für die Daheimgebliebenen – damals noch die Mehrheit aller Kinder, denn die Reisewelle nach Österreich und Italien kam erst langsam in Gang. Allein 55 800 Kinder wurden 1950 beim Ferienschwimmen in den 12 Bädern gezählt, und viele kamen nach den Ferien stolz mit dem Frei- oder Fahrtenschwimmerzeugnis in den Unterricht.

Insgesamt gehörten um 1952 herum 60 000 junge Hannoveraner Jugendgruppen, Verbänden und der Gewerkschaftsjugend an, wo ihnen das Gemeinschaftsleben Ersatz für das nicht immer heile Familienleben bot. In Pfadfindergruppen unternahm man Wanderungen in den Harz oder zeltete – damals sprach man noch nicht vom Campen – an der Nordsee.

Anfang 1950 suchte ein Mann namens Heinz Hennig über Hannovers Zeitungen nach stimmbegabten Jungen im Alter von 8 bis 14 Jahren, um einen Chor nur aus Knaben aufzubauen. 33 Jungen waren anfangs dabei, und sie bildeten die Basis für die bis heute anhaltende Erfolgsgeschichte des Knabenchors Hannover, der noch immer unter Hennigs Leitung steht. Man gab Weihnachtskonzerte im „Haus der Jugend", sang im NWDR, füllte ganze Hallen, erhielt Auszeichnungen und begeisterte 1952 die Holländer auf der ersten Auslandsfahrt der „Hannoverschen Sängerknaben". Was Wien und Berlin recht war, war es Hannover auch. Die musikalische Erziehungsarbeit war das eine, das gemeinsame Miteinander, das Erlebnis von Gemeinschaft das andere. Die Jungen waren weg von der Straße, erkannten kulturelle Werte als wichtig an – und mancher von ihnen machte später auch mit und durch seine Stimme Karriere. Als Hannover 96 im Mai 1954 überraschend Deutscher Fußballmeister wurde, da wurde über Nacht von Heinz Hennig und seinen Helfern ein Ständchen gedichtet, komponiert und mit den Jungen einstudiert und unter viel Beifall am näch-

Wer riskierte nicht gern am Kiosk Weidenmann einen Blick auf die neuesten Heftchen? Ihre Kräfte maßen die Schüler am liebsten beim Sportunterricht im Freien, ob nun in der Staffel oder beim Hochsprung.

sten Tag der Mannschaft und der Öffentlichkeit präsentiert.
Zum Knabenchor gesellte sich bald der ebenso erfolgreiche Mädchenchor Hannover, dessen Sängerinnen ebenfalls das Stadtwappen auf ihren weißen Blusen tragen durften – Botschafter für ihre Heimatstadt und vielgefeiert, nicht nur in Hannover.
Was wären die fünfziger Jahre ohne Heftchen und Bücher? Auch bei den Kindern zeigte sich in diesen weitgehend fernsehfreien Jahren, in denen allenfalls der Kinderfunk am Sonntagvormittag oder ein Kinobesuch optische und akustische Abwechslung brachte, ein Hunger nach Lektüre, nach dem Kennenlernen anderer Welten. Die Phantasie wurde durch Bücher angeregt, die neuen Jugendbuchabteilungen der Büchereien waren immer voll. Hannover hatte das lesefreudigste Publikum in Westdeutschland: Von 1955 auf 1959 erhöhte sich die Zahl der Ausleihen von 441 000 Bücher auf 1,2 Millionen, die der eingetragenen

Leser von 23 243 auf 40 000. Und viele davon waren Kinder und Jugendliche.

Doch das war nur die eine Seite des Lesedrangs. Die andere bestand aus dünnen bunten Heftchen mit Titeln wie Akim und Sigurd, Tom Mix und Prinz Eisenherz, Micky Maus, Lupo, Tarzan oder Fix und Foxi. Die Eltern nannten es „Schmutz- und Schundliteratur“, die Kinder gaben dafür ihren letzten Groschen her. Man konnte sich diese „Literatur“ natürlich auch an Kiosken ausleihen, drei Stück für 45 Pfennig, aber meistens war Tausch angesagt. In den Regalen der Kioske standen auch „Sittenromane“, aber die waren unter 18 Jahren tabu. Und auch die neue Zeitschrift „Bravo“, die 1956 für 50 Pfennig auf den Markt kam, war mehr für die großen Brüder und Schwestern und handelte von Rock'n'Roll, von Elvis Presley, James Dean oder auch mal von sogenannten Halbstarken, die in Hannover 1953 und 1956 durch erste Krawalle auf sich aufmerksam machten. Aber das war eine andere Geschichte.

Wann immer man die bunten Heftchen durchschmöckerte, durfte man sich nicht erwischen lassen. Sonst war so ein „Kunstwerk“ schnell von Mutter oder Vater konfisziert und das Taschengeld für die nächste Woche gestrichen. Es waren halt andere Zeiten, und Micky Maus oder Donald Duck noch keine Kultfiguren.

Der Knabenchor Hannover verabschiedet sich 1953 zu einer seiner zahlreichen Konzertreisen. Im Falkenlager bei Holzminden hatte sich 1950 hoher Besuch angesagt: Ministerpräsident Hinrich-Wilhelm Kopf schaute im Zeltlager bei den hannoverschen Kindern und Jugendlichen vorbei.

Lesen stand bei vielen Kindern hoch im Kurs, als es noch kein Fernsehen gab. Wenn die Mutter auf der Couch dabei war, konnte man natürlich nicht auf „Schund- und-Schmutz-" Heftchen ausweichen, die heimlich auf irgendeiner Mülltonne weitab von Zuhause verschlungen oder getauscht wurden. Und auf der Bank im Garten schaute man auch schon mal fotogerecht in Vaters Intellektuellenblatt.

Sonntagsspaziergänge – viel geliebt und doch gehaßt

Wer sich an jene Kindertage erinnert, der wird sich auch der Zerrissenheit entsinnen, mit der man damals dem Sonntag entgegengeblickt hat. Endlich ein Tag, an dem etwas gemeinsam unternommen wurde und Vater und Mutter zu Hause waren. Noch längst nicht in allen Familien galt das Gewerkschaftsmotto der späteren Jahre „Samstag gehört Vati mir", und häufig kamen die Männer erst am Sonnabend nachmittag von der Arbeit heim. Am Sonntag aber, da war die Familie beisammen und es konnte gemeinsam geplant werden. Doch der Sonntag war auch der Tag, an dem man sich „fein" machen mußte, an dem die Mutter größten Wert auf das helle Kleidchen oder das weiße Hemd für Sohnemann legte. „Der Sonntagsanzug ist die Zwangsjacke des Feiertages, die mit nichts in Berührung kommen darf, was sonst so viel Spaß macht", hatte 1958 ein einfühlsamer Journalist der „Hannoverschen Allgemeinen Zeitung" geschrieben – und er hatte recht. Keine Pfützen, kein Herumklettern auf Gerüsten oder Bäumen, die Rollschuhe mußten zu Hause bleiben. Aber dafür gab es ja schließlich anderes, das versöhnlich stimmte. Im Sommer waren es Ausflüge ins Maschfreibad oder die Bootsfahrt über den See. Das 1952 eröffnete Sport- und Volksbad List lockte die Familien ebenso zum Ausflug wie der Silbersee bei Langenhagen. Dann wurden die Decken zum Picknick ausgebreitet, und von der nahen Bude durften sich die Kinder die giftgelbe Sinalco holen oder eine Flasche köstlichen „Kaba"-Schokoladentrunks, für den überall an großen Reklametafeln geworben wurde.

Manchmal mußte man mit den Eltern in der Straßenbahn nach Herrenhausen zum Großen Garten oder in den Berggarten fahren, wobei allenfalls die mächtige Fontäne auf Begeisterung stieß, während die wunderbare Pflanzenwelt eher als eine Sache für die Erwachsenen abgetan wurde. Die Eltern nahmen einen in die Mitte, irgendwie fühlte man sich tatsächlich wie in einer Zwangsjacke. Dann lieber schon herumtollen in der Eilenriede.

Das Größte am Wochenende, wenn Vater einen nicht gerade mal zum Eilenriederennen oder zum Fußball mitnahm, war ein Besuch im hannoverschen Zoo. Der war nach den schweren Zerstörungen bereits 1946 wiedereröffnet worden. Zwei Jahre danach hatte die Tierhandlung Ruhe aus Alfeld, die den Zoo leitete, auch schon wieder Tiere aus dem Ausland besorgt. Nach der Währungsreform Mitte 1948 wurden einige Neubauten errichtet, ein großes Raubtierhaus lockte die Besucher ebenso wie das provisorische Antilopenhaus, das noch aus dem vorigen Jahrhundert stammte und wie eine Moschee aussah. Erst in der Mitte der fünfziger Jahre wurde der Tierpark richtig erweitert. Neben den Löwen und Elefanten waren das Togopony Maxl, der einäugige Strauß Adam, der Goldschopfpinguin Flint mit seiner Beinprothese sowie der Schimpanse Bollo und das Äffchen Ernstchen die Publikumslieblinge der jungen Generation. Und alle Tiere durften gefüttert werden, die Esel auch geritten. Doch nicht nur die Tierwelt machte den Sonntagsbummel im Zoo zu einem Erlebnis: Da war schließlich noch der Kiosk mit dem leckeren Muku-Eis am Stil für zwei Groschen, die man Vater immer aus der Tasche luchsen durfte.

Hannover hatte in jenen Jahren den Kindern viel zu bieten: den Flughafen beispielsweise, der pünktlich zur Messe im April 1952 eröffnet wurde und auf dem dann 1953 Hunderte von hilfsbedürftigen kleinen Berlinern in einer Kinderluftbrücke landeten und vom Roten Kreuz betreut wurden. Oder die Messe, zu der damals ganze Familien pilgerten und wie die kleinen Kinder mit offenen Mündern vor den großen Maschinen staunten. Staunen war auch angesagt, wenn sonntags die Traberfamilie an der Marktkirche ihre tollkühne Schau auf dem Drahtseil bot. Die Bundesgartenschau 1951, zu der der Stadthallengarten angelegt worden war, gehörte ebenso am Wochenende zum Ziel der Ausflüge wie der Tiergarten in Kirchrode. Und manchmal brachen Eltern und Geschwister auch zu Wanderungen in die Umgebung auf, zum Deister oder in die Brelinger Berge. „Uns bleibt die Erinnerung an eine erfüllte helle Jugend in einer dunklen Zeit", heißt es in einem Bericht.

Wie gesagt, wenn am Sonntag nur nicht die „guten" Sachen Pflicht gewesen wären, man hätte irgendwie noch mehr Freude verspürt. Mitunter kam es sonntags auch vor, daß sich die Eltern ihre Ruhe mit ein paar Groschen für den Kinobesuch in der „Schauburg", im „Apollo" oder in einem der anderen 36 neu errichteten Lichtspieltheater der fünfziger Jahre „erkauften". 65 Pfennig zahlten die Jungen und Mädchen bis zur Reihe 13, und dafür erlebten sie in zwei Stunden Kintopp die Illusion von einer heilen Welt, deren Stars Freddy Quinn, Peter Alexander oder Heinz Rühmann hießen. Hannover zählte 1956 nicht weniger als 13,4 Millionen Kinogänger, und Kinder und Jugendliche hatten daran einen gebührenden Anteil.

Feingemacht begleitete man die Eltern auf dem Sonntagsspaziergang wie hier (linke Seite) 1957 auf der Schulenburger Landstraße. Vor allem der Maschsee und Herrenhausen hatten es Familien mit Kindern damals angetan. Dort konnte man so schön am Gitter herumklettern, Brause trinken oder auf den Löwen an der Bastion herumklettern. Hauptsache, man machte sich nicht allzu schmutzig. Bei diesen beiden jungen Damen in Herrenhausen im Rosenpavillon bestand diese Gefahr allerdings kaum.

Kein Respekt vor „wilden“ Tieren: Der große Löwe im Zoologischen Garten war ausgestopft und galt als eines der beliebtesten Fotomotive. Ein Ritt mit dem Esel war auch nicht zu verachten, doch wenn sich dann hinter einem am Ausgang der große Eisbär aufbaute, konnte einem schon etwas mulmig werden. Gut, daß die schützende Hand des Vaters oder des Großvaters greifbar war.

Fotos links: Der Bär poussierte nicht nur im Zoo, sondern war auch bei der Bundesgartenschau und bei der Industriemesse als Animateur im Einsatz. Den Spaziergang durch den Tiergarten erlebten die kleineren Kinder damals lieber auf dem Arm der Mutter, während der Junge mit dem Extragroschen für den Leierkasten selbst zur Tat schritt und den Obulus auf den Teller warf.

Kaum ein Hannoversches Kind aus jenen Jahren liebte sie nicht, die Tauben am Hauptbahnhof. Damals war Füttern noch nicht verboten, und mit der Extratüte voller Krümeln hatte jeder seinen Spaß – auch die Tauben.

Am 1952 eröffneten Flughafen war immer etwas los. Hier kamen ein Jahr später auch Berliner Kinder über eine Kinderluftbrücke an und wurden von Schwestern des Deutschen Roten Kreuzes liebevoll in Empfang genommen. Herzogin Victoria Luise (mit Blumenstrauß) ließ es sich nicht nehmen, mit kleinen Berlinern, die über die Kinderfreiplatzspende des Niedersächsischen Frauenbundes zur Erholung nach Hannover gekommen waren, in den Herrenhäuser Gärten spazierenzugehen.

222

Lampions, Blumenkorso und die Weihnachtsstuben

Trotz der Kriegsjahre, der Zeiten des Hungers und der Not: Das Feiern hatten die Hannoveraner nicht verlernt. Anfang der fünfziger Jahre gab es sie wieder, die beliebten Schützenfeste in der Vorstadt, und auch das große Schützenfest war von den Briten längst wieder zugelassen worden. 1950 fand erstmals wieder ein Ausmarsch quer durch die Innenstadt statt. Die Kinder, manche in zusammengeflickten grünen Uniformen, hockten am Straßenrand, klatschten beim Vorbeizug ununterbrochen, freuten sich über die von den Festwagen fliegenden „Bolschen" (Bonbons) und tanzten mit, wenn die Musikkapellen schmetterten.
Zum Lampionszug kamen Hunderte von Kindern an der Hand der Eltern mit phantasievollen Leuchten am Maschsee zusammen und sangen mit glockenhellen Stimmen „Laterne, Laterne, Sonne, Mond und Sterne..." Bei den Hoffesten, beispielsweise in der Fannystraße in Linden, konnten sich die Kinder an Kuchen satt essen und bis in die Abendstunden durch die Hausflure toben, ohne daß es jemanden störte. Hochzeiten wurden nicht nur auf dem Land, sondern auch in Hannover mit Blumenkindern gefeiert, was ebenso wie zur Kommunion oder zur Konfirmation zwingend zu einer neuen Garderobe führte. Das Konfirmationsprüfungskleid erstand man bei C&A in der Georgstraße für 19,80 DM Mark, der dunkle Anzug allerdings war ein bißchen teurer. Umso länger mußte man ihn später auch tragen, mindestens bis zum Abschlußball in der Tanzstunde. Dann war man ohnehin rausgewachsen. Und dann der Zirkus! Ob Althoff, Belly, Barley, Krone oder Barum – es gab kaum Aufregenderes in unseren Kindertagen als die Nachmittagsvorstellung in der Manege mit Clowns und Jongleuren, Akrobaten und Feuerschluckern, wilden Tieren und Dompteuren.

Ein Fest allerdings gab es, da war es einem ziemlich egal, ob man in die „guten" Sachen schlüpfen mußte, nein, es gehörte einfach dazu: Heiligabend. Vater und Mutter ließen einen draußen vor der Weihnachtsstube schmoren, und als man dann hereingerufen wurde, hielt man den Atem an ob der glitzernden Kugeln und Glöckchen an dem mit Lametta geschmückten Baum. Ein Blick ging mal schnell zum Gabentisch, unter dessen übergeworfener Decke meist partout nicht zu erkennen war, ob die Eltern den mühsam handschriftlich gefertigten und mit allerlei Zierat versehenen Wunschzettel auch ordentlich „abgearbeitet" hatten.
Selbstverständlich ist Anfang der fünfziger Jahre nicht in allen hannoverschen Familien das Fest schon üppig gefeiert worden, in den Lagerbaracken und Ruinenwohnungen ersetzten oft Kerzen den schmucken Baum. In etlichen Familien spielten die Kinder Blockflöte, begleitet von Mutter auf der Geige oder von Vater mit dem Akkordeon oder auf dem Klavier. Hausmusik war weit verbreitet, wenn auch bei den Acht- bis Zwölfjährigen nicht immer geschätzt. Wenn man nun noch die Weihnachtsgeschichte aus der Bibel, von Vater vorgelesen, geduldig überstanden und die eigenen Geschenke, oft Laubsägearbeiten oder hübsche Bildchen, überreicht hatte, dann durfte ausgepackt werden. Die Geschenke wurden von Jahr zu Jahr größer, auch wertvoller – es ging ja aufwärts. Nur das Ritual, an dem wurde eisern festgehalten am Weihnachtsabend. Wir haben, jeder für sich, eine eigene Weihnachtsgeschichte im Kopf, jeder formt sich die Bilder von damals selbst – Weihnachten, das Fest der Freude erlaubt viele Erinnerungen – auch in den Fünfzigern.

Wenn Kindergärtnerinnen heirateten, standen auch die kleinen Jungen mit selbstgebastelten Blumenkörbchen Spalier (linke Seite). Der Blumenkorso war jahrelang ein großes Ereignis für die Hannoveraner, die 1954 die kleinen Tänzerinnen der Gymnastikschule Maria Arnke-Brauns mit Beifall belohnten (oben).

Beim Kinderumzug durch Badenstedt standen 1959 nicht so viele Zuschauer am Straßenrand, was die kleinen Zweitklässler allerdings kaum störte. Die Nachbarn von Heidi und Regina sollten 1954 in Linden die hübschen Kleidchen bewundern, mit denen die beiden zur Kommunion gingen.

Irgendwo war immer etwas los in Hannover: 1953 ging es beim Fest im Hinterhof an der Birkenstraße hoch her (linke Seite, Fotos oben) und beim Festumzug des Kinderheims und Kindergartens Limmer in der Brunnenstraße ließ die muntere Gesellschaft die Wimpel wehen (linke Seite, Mitte rechts). Mini-Autos hatten auf Volksfesten eine große Anziehungskraft, und wer noch nicht ganz so weit war, begeisterte sich am Karussell auf dem Schützenplatz, wie das kleine Mädchen (unten links) beim Schützenfest 1950. Zum Lampionfest hatte mal ein Kindergarten, manchmal auch eine Zeitung eingeladen, und viele, viele kamen.
Auch ein Fest für Kinder: Der Schützenausmarsch, bei dem 1954 die Jüngsten vor dem Leineschloß ganz vorn am Fahrbahnrand in der ersten Reihe warteten.

Weihnachtsengel bereiteten sich auf das Fest vor. Je nach sozialem Status waren die Gabentische gedeckt, und wer einen Ballonreifen-Roller geschenkt bekam, stieg im Ansehen der Freunde aus der Nachbarschaft gewaltig. Im Pfarrhaus in Hainholz wurde die Tradition der Hausmusik hochgehalten, wobei sich der junge Cowboy (links unten) aber lieber mit der neuen Eisenbahn beschäftigte. Ein gerngesehener Gast: Der Weihnachtsmann kam auch in den evangelischen Kindergarten in der Kronenstraße zur Bescherung. Zu Hause machte sich der freundliche Mann allerdings bei den Familien, die noch im Lager lebten oder die erst gerade in Hannover ihre neue Heimat nach Flucht und Vertreibung gefunden hatten, anfangs noch rar.

Von kratzenden Strümpfen und aufgearbeiteten Militärmänteln

„Mode" war für die Kinder der Fünfziger zumindest in den ersten Jahren noch kein richtiger Begriff. Man zog an, was Mutter einem hinlegte, man trug auf, was der große Bruder oder die Schwester schon fast zerschlissen hatten – und man hatte natürlich seine Vorlieben. Bei den Jungens waren es die kurzen Lederhosen, die gar nicht speckig genug sein konnten und auf denen man so schön auf dem Hosenboden rutschen konnte. Die Hosenträger nahm man in Kauf, anders saßen die Dinger nun mal nicht. Und wer dann noch auf dem Quersteg auf der Brust das Abbild eines röhrenden Hirschen aus weißem Horn vor sich hertragen konnte, der war darauf mächtig stolz.

Die Lederhosen wurden so lange getragen, wie es eben ging, und erst als im Spätherbst die Knie schon vor Kälte blau wurden, ließ man sich von Mutter in eine lange Hose zwängen. Keine Jeans wie heute, die kamen erst Ende der fünfziger Jahre richtig in Mode, meist waren es lange Wollhosen oder einfach Trainingshosen. Der kleine Bruder mußte Strickhosen tragen.

Die Jungen trugen ihre Kniestrümpfe meist auf „Halbmast", Ringelsöckchen waren nicht so gefragt. Entweder zog man sich ein kariertes Hemd über oder man bekam von der Mutter einen selbstgestrickten Pullover verpaßt, über dessen Farbzusammenstellung sich der Autor auch heute noch nur ungern äußert. Den „Bekleidungsgipfel" hatte man an Feiertagen oder zu Festen erreicht, wenn es hieß: weißes Hemd, dunkle kurze Hose, die sauber bleiben mußte, weiße Socken. Das war nicht mehr zu überbieten, unwohler konnte sich kein so herausgeputzter Steppke fühlen.

Und auch das war damals nicht selten: Die Jungen trugen weite Mäntel, die aus Uniformstoff des Wehrmachtsmantels vom Vater geschneidert worden waren. Der regelmäßige Einkauf in den Kaufhäusern Hannovers war noch nicht üblich, und viele Familien waren sogar noch auf Kleiderspenden ausländischer Organisationen angewiesen. Das änderte sich erst langsam, als die Preise Mitte der fünfziger Jahre sanken und Kinderkleidung auch für Normalverdiener erschwinglich wurde.

Und die Mädchen? Den nunmehr fünfzig- und sechzigjährigen Frauen dürfte eines unvergessen bleiben: die kratzigen Wollstrümpfe, die an Bändern mit einer Art Gummistöpsel an einem Leibchen befestigt waren, damit sie nicht rutschen konnten. Sie trugen damals Kleider mit Pünktchen, manchmal mit vielen Blümchen drauf und öfter auch Schürzen über den Kleidern, wie es Mutter daheim auch tat. Besonders hübsche Kleider waren mit Kragenstickereien verziert. Als die Mädchen größer wurden, kamen die steifen Petticoats in Mode, die zum Abschlußball der Tanzstunde ebenso wie zur Konfirmation getragen werden konnten. Jungen wie Mädchen zogen gleichermaßen Nikkis und plüschige Baumwollpullover über und auch das hatten alle gemeinsam: Wenn die Schuhe zu eng waren, wurde auch schon mal das Oberleder aufgeschnitten, um den Zehen mehr Platz zu geben.

Die Mädchen versteckten ihren hochgekämmten „Hahnekamm" im Winter unter Strickmützen oder zeigten Zöpfe, während die Jungen sich über die von der Mutter ins Haar gesteckte Klemme fürchterlich ärgerten und die Schiebermütze darüberzogen. Einfach peinlich!

Im Sonntagsstaat bei den Tauben am Hauptbahnhof fühlte sich dieser junge Mann sichtlich wohl. Einheitslook der fünfziger Jahre: Die Lederhose der beiden Jungens. Sie konnten gar nicht speckig genug sein, und der kräftige Hosenboden widerstand jeder Rutschpartie.

Feuermelder
Feuermelder

Als die Schürze noch zum Alltag gehörte: Auch junge Mädchen gingen beschürzt zum Einkaufen auf die Straße, und bei der Hausarbeit wurde sie getragen, um das Kleidchen zu schützen. Wenn es kalt wurde, gab es Omas Fuchs um den Hals, und der aus einer Wehrmachtsdecke gefertigte Mantel sorgte dafür, daß man nicht fror. Wer in den Fünfzigern groß wurde, mußte modische Kompromisse eingehen. Jahre später gehörte der Petticoat unter dem Konfirmationskleid vor allem zur Festtagskleidung. Anorak mit Schnürband war bei den Jungen gefragt. Herausgeputzt mit Pünktchenkleid und Ringelsöckchen ging es zum Ausflug in die Eilenriede, wobei sich dann bestimmte Spiele von selbst verboten – auch für kleine Mädchen gab es eine Etikette.

Weitere Bücher aus dem Wartberg Verlag

Helmut Zimmermann

Hannover
Ein verlorenes Stadtbild
Historische Fotografien

72 S., geb. sw-Fotos
ISBN 3-86134-139-5

Waldemar R. Röhrbein/
Manfred Czerwinski

Hannover – Luftbilder
von gestern und heute

60 S., gebunden, Farbfotos
ISBN 3-86134-432-7

Wolfgang Steinweg

Hannover – Bewegte Zeiten
die 50er Jahre
Historische Fotografien

72 S., geb. sw-Fotos
ISBN 3-86134-308-8

Waldemar R. Röhrbein/ R. Wagner

Hannover –
Ein Stadtbild im Wandel
Fotografien von gestern und heute

72 S., geb. sw- und Farbfotos
ISBN 3-86134-193-X

Wartberg Verlag
34281 Gudensberg-Gleichen, Im Wiesental 1
Tel.: (05603) 4451/2030/2033 – Fax: (05603) 3083